達賴喇嘛
西藏之心

達賴喇嘛◎開示
松本榮一◎攝影
項慧齡◎翻譯

僧眾正在等待達賴喇嘛的時輪金剛灌頂法會。

序言
松本榮一／文

西藏是天地相連之處。遠古以來,性格溫和又愛好和平的藏民一直信奉佛教,過著簡樸苦行的生活。1951年,中國占領西藏。1959年3月,西藏宗教暨政治領袖第十四世達賴喇嘛逃往印度。西藏人民得知這個消息後,感到極為震驚和痛苦,因此,大約有十萬名藏胞追隨達賴喇嘛前往印度,成為難民。從那時起,達賴喇嘛便為了爭取西藏的獨立自由、撫慰藏民的痛苦而奮戰不懈。達賴喇嘛也一直在世界各地倡導和平及四海之內皆兄弟的理念。

1971年在印度菩提迦耶,我有此殊榮,生平第一次會見達賴喇嘛。此後,我一直待在菩提迦耶學習和修持他的宗教哲學。我對西藏越來越感興趣,把西藏當作我學習研究的課題。過程中,我數度造訪那片迷人的土地。我覺得自己真的很幸運,那幾次的造訪給予我獨一無二的機會,就近觀看西藏及其佛教寺院。

我希望透過本書來和讀者分享這些經驗,並讓讀者對西藏和達賴喇嘛的開示產生興趣和欣賞。

源自青康藏高原的Satraji河。

目次

Part 1
達賴喇嘛的開示

心靈的快樂
Happiness of mind

什麼是心靈的快樂？當然，心靈的快樂勝過肉體的舒適。當人處於快樂的心靈狀態，即使得經歷某種肉體的艱難困苦，你也能夠忍受。如果心靈狀態不健康、不快樂，那麼即使身處非常舒適的物質環境，你也無福消受。不可諱言，舒適的物質環境有時可讓人感覺心靈平靜與快樂，但是內心快樂的主要來源，必須來自正面的心理。

從自身的經驗來看，我們西藏人了解到，之所以能夠經得起數年、甚至數十年的監禁和勞改，是因為我們擁有的佛教背景，以及所領受的佛教教義的巨大助益。就拿我個人的經驗來說，我必須過著動盪的生活——失去國家，流亡在外，得在這個錯綜複雜的世界擔負起所有的責任，但卻沒有這方面的訓練。但是在心靈上，我仍感到相當平靜。

如何發展出這種心靈的平靜？這比較是態度問題，而不是特定行為的問題。其本質在於培養我們內在的良善、本具的柔和與慈悲，去除負面態度，努力去利益他人。因此，我告訴世人，要竭盡所能地去幫助他人。如果無法幫助他人，至少避免傷害他人。放任負面的態度和情緒而不加以管束約制，將導致各種緊張、壓力、疾病、家庭失和、社會問題，甚至國際衝突。事實上，正是這種對負面情緒的放任，引起所有社會問題，例如虐待兒童，還有在今日社會每個階層都看得到、普遍存在的暴力。但是，這並不表示我們就得壓抑情感。我們確實需要持守戒律，然而，這種戒律不是一般人所了解的從外在加諸於自身的事物。這種必要的自律，是從了解負面情緒的惡果以及正面情緒的善果中發展成形。

因此，心靈的快樂和平靜比較取決於正面的心理和態度，而非外在的物質環境。

製作沙曼達（沙壇城）之處。

沙曼達

從艱難的生活解脫
Liberation from life's hardship

從佛法的觀點來看，解脫有不同的層次。有些解脫主要是關於個人的。另一方面，從艱難的生活解脫是指從日常生活的艱困中解脫，主要是家庭生活。而從國際的層面來看，我們也面對諸如飢饉、戰爭、恐怖主義等問題；這些問題都是因為意識形態的差異而產生。

因此，我們可以看到兩種問題：一是人生歷程上會面臨的基本問題，例如生、老、病、死；另一是人為問題，能夠加以避免和根除。如果地球變成沒有戰爭、沒有諸多不幸人為問題的地方，那麼它將達到這種解脫。當然，一個社會或社群不可能沒有爭執和衝突。即使有一些爭鬥、不睦或意見相左，也不應該產生任何仇恨、怨懟和負面感受。爭執紛爭應該當下化解，有問題也應圓滿解決。切勿再有一絲怨恨和反感，因為這些負面情緒會導致戰爭和大規模的衝突。我通常把這種層次的和平稱為「社會的涅槃」，是個洋溢和諧、友誼和快樂的社會。

製作沙曼達。

普世之愛
Universal affection

普世之愛是社會發展的主要來源和基礎。在普世之愛的基礎上,我們會對整個世界產生責任感,希望每個人都快樂。人人都身負發揚普世之愛的重責大任。我們在此談論的普世之愛,不一定關乎宗教。在沒有任何信仰和宗教的情況下,一樣可以發展出這種普世之愛,因為普世之愛就只是關心他人。

佛法中,特別提及發展無限利他心的可能性。但是一般來說,不論是不是信徒,慈悲對所有人都有益處。在今日的世界,慈悲尤其重要,因為每件事物都息息相關,相互連結,沒有哪個國家可以保持孤立或冷漠。這種情況下,關心他人就關係到個人的利益。

因此,關心他人無關乎宗教思想或宗教課題,而是這個世界非常需要的事物。從宗教的觀點來看,在這個世界上,各種宗教的主要傳統通常都擁有相同的中心思想──愛、慈悲、知足和關懷等等。慈悲和寬容特別和關愛他人有關,因此是所有宗教鼓吹修持的事物。以今日的佛教為例,世人普遍將佛教視為慈悲與非暴力的典範。

關於修持慈悲這種高尚的行為,我的信念是,基本的人性是柔和的,而個人的行為和思考方式也大多取決於環境。因此有時候,當整個氣氛看起來變得更暴力、更負面時,個人就變得無能為力。然而在此同時,改變氣氛是可能的,但必須人人都展開行動。沒有其他選擇。我們無法僅僅透過祈願或禪修來改變世界,因此人人都必須貢獻心力,採取主動。我認為,透過個人、家庭、社區和社會的努力,可以改變目前許多不健全的情況。當然,這麼做需要花上很長一段時間,也需要眾人的參與,並且運用各種手段和方法。

在沙曼達前舉行迎請各種本尊的法會。

接受死亡
Spirit accepting death

關於死亡，我不太記得自己被教過些什麼來面對它。死亡的確是非常重要的課題。訓練自己熟悉死亡的過程非常重要，關於這點，我將從佛教修行者的觀點來解釋。

死亡遲早都會降臨。沒有人想要面對死亡，當然也沒有人想要遭遇或體驗自己不喜歡的事。然而，如我稍早所說的，死亡是人生必經的過程。因此，假裝死亡不會降臨，並不會幫助你擺脫死亡。事實上，如果假裝死亡不會降臨，那麼當你沒有做好準備，一旦死亡突如其來，將會非常震驚。換句話說，知道死亡的存在，做好必要的準備和訓練，那麼當死亡真的降臨，引起的衝擊就會比較少。因此，那些不斷談論死亡、思量死亡、為死亡做準備的人，在心理上已經準備好面對死亡。對他們而言，當死亡確實來到時，去接受死亡就容易多了。

基本上，我對現代片面的教育過程有強烈的看法。我覺得早期的獨立教育機構紛紛建立那時，社會仍保有靈性的一面。到了今天，不但現代教育是片面的，父母也太過忙碌，因此孩子普遍沒有獲得足夠的愛，沒有和父母有適當的接觸。

東方人的情況也差不多如此，因為他們也仿效西方的現代化。或許東方人擁有更堅實優秀的傳統價值觀，但是現在，那些傳統價值觀似乎也愈來愈式微。我認為，在美國甚或全世界，現代教育是片面的。之前受到宗教機構支持的人類價值觀，如今沒有完全受到現存的宗教教義或宗教信條的看顧。因此，我們需要第三種出路，也就是一邊採取現代教育，一邊採行非宗教教育；而我通常稱非宗教教育為「世俗倫理學」（Secular Ethics）。

法王達賴喇嘛為製作完成的沙曼達開光。

達賴喇嘛頭帶一頂密續寶冠。

從科學發現的基礎來看人類價值，證明比較慈悲平靜的心靈，對人的健康有好處。根據社會學家的說法，我們在現代社會如學校所面對的許多問題，都是社會缺乏情感之故。類似的情況也在世界各地普遍可見，因此我們必須找到提升這些價值的方法，而不是僅只談論宗教思想。我強烈地感受到這一點，還為此寫了幾本書。

現代教育對人類來說肯定是不夠的，而為了使其完善，光是停留在佛教傳統之中也是不夠的。我們必須找到某些方法來提升人類的價值，尤其是在學校和教育課程上。我認為，世俗教育是重要的。當然，世俗不代表否定宗教或忽視人類價值。我們必須找到健全的世俗倫理，並據以發展健全的社會。

因此，最好的方法是不時和各地的思想家、教育家和科學家進行討論。每個人都應該一起來研究、表達和尋找解決問題的可能方案。我認為討論非常重要，如果我們不討論、不談話，對這些緊迫的議題不以為意，將起不了任何作用。因此，我們必須談論這些問題。舉例來說，我曾經碰過有些人明明肚子餓，卻假裝不餓。我覺得這很無聊，最好停止假裝，要更友善更開放。

僧眾聚集來聆聽達賴喇嘛的開示。

人生
Human life

人類因其聰明才智而讓人生更形可貴。人類擁有行善的大潛能,只有人類能夠改變轉化這個世界;其他物種和動物無法做到這一點。因此,善加發揮這個潛能非常重要。然而,人類可以建設性地運用自己的潛能,卻也可能帶來破壞。正如同核能富有建設性,也可招致毀滅,一旦遭錯誤使用,就變得非常危險。明白這一點很重要。再說,沒有人是完美的,所以人類社會也不是完美的。我們總是不斷看見和遭遇問題。

我認為,佛教「緣起」的概念非常重要,而且深具意義又有益處。當人遭遇問題時,第一個反應往往是「我不想要這樣」,甚至想不理會或排拒它。但是只要稍加思索並正視它後,便會發現它並不是百分之百的糟糕或負面。沒錯,你擺明不想理它,希望避開它。但是,你也將能接受這樣的事實:即使你無法避開它,卻可以處理它,甚至透過接受那樣的挑戰,發展出特殊的洞見和體驗。那種態度是非常重要的。

傳統上,身為佛教僧伽,或許可以從各種佛教傳統學習到一些有用的觀念。舉例來說,現今許多年輕男女相信他們可以同居而不結婚。我以為,這反映了他們欠缺責任感。我也注意到在一些國家,有缺陷的孩子沒有受到父母照顧,而是由他人扶養。我覺得這很可悲。人們容易對華屋、車子、器具和其他物質產生太多的執著,而這些事物又都與金錢有關,使得人心總是想擁有更多更多錢。於是,內在價值的重要性便被遺忘了。在我看來,只要擁有親密溫暖的友誼,你是富裕還是貧窮並不那麼重要。億萬富翁之中,也有善良之人。但是有時候,連這些人也覺得他們沒有真正的朋友,便對貓狗發展出友誼來分享他們的情感。

所以，人類的情感、價值、友誼、信任、分擔他人憂傷和問題的精神，大多和內在價值有關。如果這些內在價值深植你心，那麼即使失去房子或銀行存款，你仍然會覺得美好，並且了解到，你仍擁有家人和朋友。相反的，即便你擁有一切，但內心深處卻感到孤獨寂寞，那麼它真的是個問題，因為金錢和物質——不論價值多高——都無法表露情感。

我認為，年輕的時候忙著賺錢或許沒有關係，然而一旦開始變老，遭遇一些問題時，物質並不會對你顯露情感或分享你的內在經驗。那時，那些把所有希望都投注於外在事物、完全忽略內在價值的人，將感到絕望。一旦你真的遭遇難關，外在事物將顯露其局限，而你的內在將無法助你克服困難。

自在生活
Living free

我不知道該說什麼，就看你如何定義「自由自在地生活」。我相信你不是指無所事事地過日子。那些擁有普世之愛及責任感的人，也發展某種自由感。想要自在生活，你得處在自由的環境。所以，資訊自由、宗教自由和新聞自由是非常重要的。因此我覺得，不切實際的人爲體系終究會衰微，我們會回歸自然且有人性的道路。我們熱愛自由，甚至連動物也熱愛自由。

我數度提及，在眾多政治體系之中，民主制度是最好的，因爲民主制度創造並開放了空間，讓人類充滿創意的本性能夠盡情發揮。因此，人類社會其正面積極的未來取決於民主制度。這是我的信念。以我們爲例，我們是佛教徒，基本的佛教原則和民主制度不相互牴觸。我們爲了自由和民主制度而奮鬥，但是每當中共難以回答西藏問題的時候，他們總是說，以前的西藏是悲慘的、落後的、不民主的，是達賴喇嘛和少數反動份子挑動所有這些民族運動。自從1960年，我們根據民主制度的原則起草憲法以來，一直努力成爲一個民主政體，一直竭盡所能地來試驗民主化。但是如我們所知的，自由自在地生活不表示你可以隨心所欲，不考慮其他人的平靜與福祉。

從佛教的觀點來看，只要我們活在這個輪迴或凡俗的世界，就不可能有完全的自由。

密續儀式。

世界文明
World civilisation

歐洲人會說歐洲人比較優秀，亞洲人會說亞洲人比較優秀，但是沒有人知道誰比較優秀。諸如中國和日本等亞洲文明，其本質比較傾向心靈。古老文明主要處理心靈問題，而西方文明則偏重物質的進展。物質與心靈的發展應該結合在一起，適當地結合這兩者，將帶來進步與發展。古老文明不應局限在書籍和歷史裡，應該在日常生活中被展現和體驗。就物質發展而言，我們都需要物質設備，此外，也需要心靈的發展。有人認為911恐怖攻擊事件的發生是世界文明衝突的結果，但我卻不這麼認為。

我們從911事件這樁悲劇學習到兩件事：一是，光有科技發展和智力發展是不夠的；除非我們擁有一顆溫暖而慈悲的心，否則無法確定優秀的智力和科技將帶來建設性還是毀滅性。二是，衝突或不滿應該以充滿人性的方式來處理，也就是透過與人會面、傾聽抱怨或不滿，並且透過對話、調解和妥協來幫助他們。

然而，這類事件也需透過經濟、宗教、生活方式等因素來分析。因為引發這類事件的因素有很多，我們不能僅僅把它視為兩個文明的衝突。我認為，在宗教界、商業界、知識界等各種不同層面進行更多的接觸與對話，才是解決這類問題的方法。

僧眾舉行毀壞沙曼達的儀式。

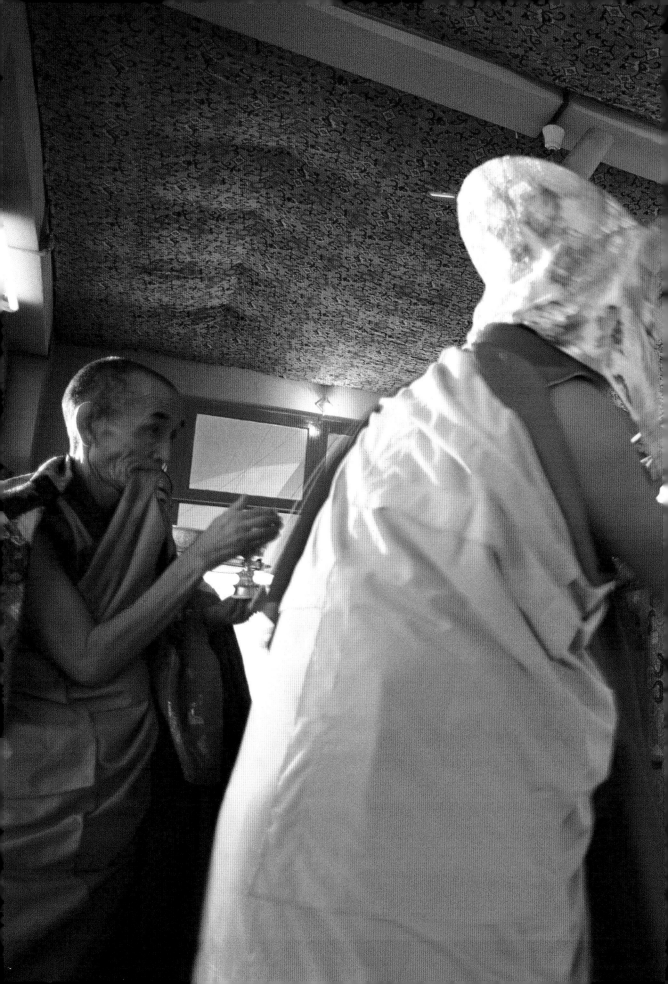

達賴喇嘛接受供養。

國家自我本位主義
Egoism of nation

我們使用不同的術語，就好像佛教徒使用「無我」這個用語一般。西方的心理學家認為，自我是非常重要的；沒有自我，人們有時候會感到煩惱不安。以佛法來說，當我們談到無我，大家會以為佛教徒不認同自我的重要。這種想法是不正確的，因為在佛教的修行中，尤其是大乘佛教的修行，決心、毅力和自信都是非常重要的。舉例來說，當一個人刻意不那麼自私自利，沒有一個堅定的「我」，或沒有堅強的毅力，那麼要減少自私自利是不可能的。沒有堅定的決心和毅力，你無法減少、根除憤怒和執著等負面情緒。生氣發怒（瞋）是非常強烈的情緒，為了除去那強大的負面情緒，你需要同等強大的毅力，而為了發展出強大的毅力，應該有個強烈的「我」的感受來當基礎。

你必須如此思惟：「我能夠戰勝自己的負面情緒。」那種感受是必要的。沒有這種堅定的毅力、自信和自我，就不可能走修行這條路。以我自身的觀點和了解來看，自我感本身並沒有錯。我認為，「我」或自我的感受有兩種：第一種是你忽視其他人的權利，或利用他人來實現你的自我或「我」，那種「我」的感受是錯誤的；第二種自我感會使人覺得「我能夠幫助他們，能為他們做些有益的事，帶領人們走上正確的道路，並能服務窮人」，這種「我」或自信感是絕對正確的。

我認為在某些情況下，某種國家自我本位主義是有用的。舉例來說，就在許多國家飽受第二次世界大戰的蹂躪、面臨經濟危機時，為了振興經濟和國家重建，強烈的國家自我本位主義和愛國主義是必須的。擁有正面積極的民族自尊感是非常有用的。然而，從佛教的觀點來看，一旦達成了國家重建，人們應該了解到，過度的自我主義、輕視其他國家是不健康的。一般而言，國家的經濟發展一旦強盛，自我主義便會形成。倘使人變得自私自利，只想為自己謀得利益，那麼終究會導致世界文化的分裂。

達賴喇嘛對群眾微笑。

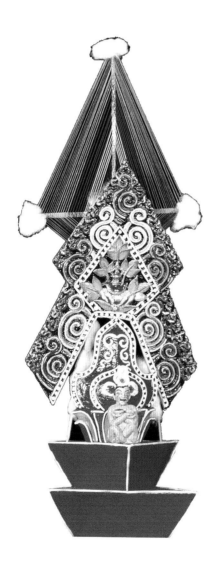

Part 2
前進西藏

朝聖
Pilgrimage

———

青康藏高原是西藏文明的搖籃，位於喜馬拉雅山脈北部，有「世界屋脊」之稱。青康藏高原被重山環繞，南有喜馬拉雅山脈，西有喀拉崑崙山脈，北有崑崙山脈；南北向約延伸2500公里，東西向約延伸200公里，總面積大約200萬平方公里。青康藏高原包含西藏自治區、青海省的絕大部分、四川省的西北部、甘肅省和雲南省的一部分，以及新疆維吾爾自治區的南緣。

青康藏高原是許多亞洲主要河川的發源地。黃河、長江、薩爾溫江和湄公河源自青康藏高原的東邊，印度河源自西邊。西藏人民視為母河的雅魯藏布江，鄰近位於高原南部的聖湖瑪旁雍措（Lake Manasarovar），從高原的西部流向東部，形成巨大的峽谷。雅魯藏布江在青康藏高原的東部突然轉向，流至印度的阿薩姆省，與恆河交匯，最後流入孟加拉灣。

羌塘是西藏最大的高原，有許多鹽湖以及一大片不毛之地。青康藏高原也是許多野生動物的家園，包括野生犛牛、野驢、藏羚羊和狼。南部地勢相對比較低的高原則擁有廣袤的草地，是牧民放牧犛牛、綿羊和山羊的區域。這個地區的土地比較肥沃，在雅魯藏布江流域的盆地和南部其他地區的農業發展相當活躍。西藏東南部尚存有未經開發的原始森林，刀耕火種（或山田燒墾）農業和狩獵在此依然盛行。

藏人顯然喜歡遷徙移動。大多數藏人是農民，但不是被土地束縛的農奴。除了農業和畜牧之外，他們也從事商隊交易，進行長途旅行。即使需要花上數年的時間，他們仍毫不猶豫地長途跋涉，前往聖地朝聖。有人問他們為什麼朝聖，大多數藏人都會回答：為了一切有情眾生，也為了來世的解脫安樂。造訪西藏的外國人不免會覺得，這個地方呈現出一番獨特的景象：朝聖者行五體投地禮，口中喃喃念誦祈願文。

可愛的老僧背負經書朝聖。

岡底斯聖山（Mount Kailash）。

女信徒以五體投地禮跋涉數千公里，前往目的地朝聖。

基地營達千（Darchen）是朝聖的起點。

羊卓雍措（Yamdrok Yutso）是帶有神秘色彩的聖湖。

身覆一襲美麗地毯的馬匹。

朝聖姊妹佩戴珊瑚和綠松石飾品。

孩子被馱在犛牛背上爬山。

在西藏，由於缺乏樹木，藏人用風乾泥土砌成燈柱。

布達拉宮
Potala Palace

布達拉宮是由第五世達賴喇嘛在1645年開始興建，是達賴喇嘛政府的重要公共建設。1682年，第五世達賴喇嘛圓寂，其死訊卻被攝政者桑傑嘉措（Sangye Gyatso）祕而不宣。桑傑嘉措持續布達拉宮的興建工程，最後終於在1695年竣工。

據說，布達拉宮是一幢13樓的建築，內有大約一千個房間；但是這個數字並不確實。布達拉宮從底部到紅宮最高的屋頂，其高度有110公尺，從東到西最長的部分有360公尺；面積也涵蓋布達拉宮興建於其上的山丘。

藏人在建造布達拉宮這幢建築上，表現出卓越的天分和技藝。布達拉宮盤踞在陡峭的地勢上：各種大大小小的建築坐落在山丘的山脊和斜坡之上。在這些建築之間，有一道呈之字型的曲折石階；前方有一面微微向內傾斜的巨大圍牆，其上有幾排假窗，賦予布達拉宮莊嚴宏偉的外觀：色彩對比鮮明，外形精緻講究。白牆和窗戶遠遠延伸，深紅色的宮殿建造牢固。帶有白色線條的窗簾懸掛在黑色地面的上方，紅宮的上半部鑲上黑白線條，覆有一個中國式的屋頂。即使經過重建、整修和擴建，布達拉宮仍然展現出和諧的氣氛。

爬上之字型的曲折石階後，即可看見前方的大門。內部通道看起來像一把扭曲的鑰匙，走上通道，即抵達約70平方公尺大的中庭，稱為「德陽夏」（Deyang Shal）。通過這個開放空間，爬上三個並排的陡梯後，便進入白宮的門廳入口。在這道走廊的牆壁上，繪有大昭寺的歷史，以及西藏國王松贊干布最初建造布達拉宮的圖像。

祈楚河（Kyichu River）流經西藏首府拉薩。從河的一岸可以看見遠處對岸的拉薩和布達拉宮。

清晨的布達拉宮。

布達拉宮由第五世達賴喇嘛在17世紀興建，是西藏文化的代表。

三個並排的陡梯從中庭通往白宮的門廳入口。

三具陡梯中間的梯子專供達賴喇嘛使用。

階梯通往色彩美侖美奐的白宮門廳和主要出入門。

紅宮的牆壁位於布達拉宮的中心。牆壁上覆滿壁畫，描繪紅宮的興建過程。

牆壁上的花卉壁畫

達賴喇嘛的會客廳。

達賴喇嘛位於白宮的臥室。

一幅描繪第五世達賴喇嘛的繪畫;第五世達賴喇嘛是布達拉宮和達賴喇嘛制度的創建者。

第十三世達賴喇嘛的靈骨塔,外層飾有珠寶,高14公尺。第十三世達賴喇嘛於1933年圓寂。

大攝政桑傑嘉措的畫像。第五世達賴喇嘛圓寂之後,他繼續布達拉宮的興建工程。

前進西藏:布達拉宮

憤怒蓮師（Guru Dakpo Yaksha Mewe）身上被朝聖者和膜拜者釘滿無數釘子和針，祈求獲得祂的加持和庇佑。

紅山（Mount Marpori）山腳下的紀念石柱。

為了慶祝紅宮竣工，布達拉宮的牆上懸掛巨幅唐卡。

左圖：紅宮走廊的牆壁上，有698幅描繪布達拉宮興建過程的繪畫。

昆桑廓羅（Kunzang Khorlo）是紅宮的一幅繪畫，像個填字謎，可以從任一角度來閱讀。

西藏國王松贊干布及其兒子貢日貢岑的塑像；這兩個塑像位於紅宮的法王洞「卻傑竹普」（Chogyel Drubphuk）之內。

西藏國王松贊干布與兩位外籍王后的塑像。兩位王后分別是來自中國的文成公主以及來自尼泊爾的赤尊公主。

達旦明久波章（Takten Migyur Potrang）又稱「新宮」，是由第十四世達賴喇嘛所建。（位於諾布林卡〔Norbulingka〕之內。譯註：諾布林卡是歷代達賴喇嘛的夏宮，而達旦明久波章是諾布林卡三個主要宮殿之一。）

華麗的櫃式佛龕安置在新宮的南會廳（South Assembly Hall）。（諾布林卡）

第十四世達賴喇嘛的黃金法座，位於新宮的北會廳（North Assembly Hall）。（諾布林卡）

通往房間的陽台；每間房都有扇亮紅色房門。

拉薩
Lhasa

拉薩是所有貿易和朝聖路線的交會處，也是人群、貨物和資訊的匯集處。拉薩是西藏最大的都市，起源可追溯至第七世紀上半葉興建小昭寺和大昭寺的時期。大昭寺興建以後，拉薩開始繁榮起來。而大昭寺的興建過程，更為眾人所知。人們相信，一隻山羊「拉」（藏文為ra）搬運泥土「薩」（藏文為sa），把烏塘湖（Othang）填滿。傳說有個女巫躺在西藏的土地上，而烏塘湖就位於女巫的心中。烏塘湖沒有因為興建大昭寺而消失，仍封閉在地面之下。到了17世紀下半葉，在西北部郊區興建達賴喇嘛的布達拉宮後，拉薩市也成為達賴喇嘛政府機構的首都。

拉薩是座宗教城市，也是商業之城。許多來自印度、中國、喀什米爾、尼泊爾、不丹、蒙古等地的商人，都曾居住在拉薩。俄國和亞美尼亞的商人也曾在此地組成社區。拉薩市中心——八廓街（Barkhor，也稱「八角街」）——原是一條環繞大昭寺的街道，向來是西藏最繁忙的購物區。八廓的字面意義是位於中間的環形道路（即「中廓」），對應於環繞拉薩市郊的林廓（Lingkhor，即「外廓」），以及環繞大昭寺的南廓（Nangkhor，即「內廓」）。八廓街上，平頂的兩層樓和三層樓房屋緊密地排在一起。這些建築的一樓通常用來當做店面，路旁排滿無數個攤販。一整天，大街上各方人潮雜沓，熙來攘往，包括朝聖者、顧客、商人、街頭藝人、乞丐和小販。

透過商隊路徑，從世界各地匯集而來的物品在這條喧鬧擁擠的街道上交易買賣。1901年，第一個抵達拉薩的日本人河口慧海驚訝地在這個市集發現日本製的火柴。其他如孟浪千膜祈願大法會等重要節慶及年度集會，也都在拉薩舉行。

從拉薩的主要街道看見的布達拉宮。

八廓街上的巨大焚香燈，信徒在此點燃香柏的葉子。八廓街是環繞大昭寺的繁忙街道。

窗台上的盆花展現西藏人的美感。

八廓街上製作銅製器皿的工匠。

朝聖者在大街上行五體投地禮。

八廓街和大昭寺前面的朝聖者。

來自鄉間的虔誠信徒在大昭寺前祈願。

86

父子在經輪旁邊祈願。

夏天在諾布卡林舉辦的西藏民俗歌劇「天女」（Achelhamo）。

在化妝室等待出場的舞者。

佛教
Buddhism

佛教經歷了許多曲折，漸漸地在西藏生根。一方面，透過卓越的教育體系，佛教保留並發展出學院派和寺院派佛教的傳統；另一方面，佛教已經深入藏民生活的每個面向，與藏人的風俗習慣相結合。漸漸地，藏民參予佛教事業，讓佛法繁榮興盛。

藏傳佛教的主流承襲了印度大乘佛教的傳統，並加以發揚光大。西藏人竭盡所能直接從印度學習正統的佛教。爲了回應藏人的熱切渴望，印度學者、僧侶和佛教修行者不時造訪西藏，傳播最新的佛教理論和修行的藝術，持續爲藏民帶來激勵鼓舞。透過大量的努力和交流，西藏人成爲印度大乘佛教名副其實的繼承者。

佛教是在什麼時候首次傳入西藏？傳說中，有部法典、一尊佛像和法器從天而降，落入雍布拉康（Yumbu Lagang，西藏第一座宮殿）；雍布拉康是古代西藏國王的祖先——拉托托里聶岑（Lhatotori Nyentsen）國王——的宮殿。人們還說，拉托托里聶岑把這些物品放置在佛堂裡，當作活人示現般供奉，他因而受到庇佑而福壽延年。這是西藏人如何接受佛教的一段插曲。但是從歷史上來看，佛教是在第七世紀上半葉，國王松贊干布統治西藏期間傳入；中國唐代的文成公主和尼泊爾的赤尊公主，即是嫁給松贊干布爲妻。

兩位公主建造了位於今日拉薩的小昭寺和大昭寺，尤其大昭寺更被視爲藏傳佛教最殊勝的寺廟。而文成公主從唐朝帶入西藏的釋迦牟尼佛像，是大昭寺主要的佛像。在第八世紀下半葉，國王赤松德贊統治期間，佛教如火如荼地傳入西藏，成爲西藏的主要宗教，因此興建寺廟和翻譯佛經成爲全國性的工程。

大昭寺大殿的金黃色屋頂。

把黃金鑲嵌在門上的嫻熟技藝（大昭寺）。

飾有花卉的陽台（大昭寺）。

在陽台下方的獅子雕像（大昭寺）。

西藏人相信歷輩喇嘛是觀世音的轉世（大昭寺）。

拉嫫（Lhamo，西藏天女）擺出供養的姿勢。

走廊牆上描繪釋迦牟尼佛、觀世音菩薩等的壁畫（大昭寺）。

釋迦牟尼佛像，西藏最殊勝的佛像，由唐代的文成公主從中國帶至西藏。

色拉寺的大白傘蓋佛母（Ushnishasitatapatra）壁畫。

三跋羅（Samvara）及其明妃金剛亥母（Vajravarahi）歡抱雙運（色拉寺）。

護法閻羅法王（Damchen Kyebuchenpo）（色拉寺）。

毘沙門財神（Vaishravana）（色拉寺）。

六臂瑪哈嘎拉（Mahakala）（色拉寺）。

白瑪哈嘎拉（色拉寺）。

從清晨開始，人潮湧入每年8月在哲蚌寺舉行的雪頓節（Shoton festival，又名展佛節、曬佛節等）。

在雪頓節，巨幅釋迦牟尼佛唐卡展示在哲蚌寺西邊的一片岩面上。這幅唐卡在日出時拿出來展示，大約一個小時後即存放起來。

文化大革命期間，甘丹寺遭徹底摧毀。目前正在進行重建工程。

農民的生活
Life of farmers

大部分的藏人務農，主要是在南部雅魯藏布江流域和東部其他河川從事耕作。大麥（或青稞）是主要的作物，糌粑即是由大麥製成。除了冬大麥、蕎麥、芥茉、豌豆、蠶豆、馬鈴薯、甜茉根之外，糌粑是西藏人的主食。杏桃、桃子、梨子和核桃也在東部生長；稻米、高粱、黃豆和玉米則栽種於南部地勢較高的地區。

大麥的播種期是5月到3月，並在9月收成。種子是在去年的作物收割之後播下。農人利用傳統的農耕方式，如牛、犛牛等動物以及木製鋤頭來犁田，用短鐮刀來收割，用連枷來打穀，趕牲畜走過一束束大麥以脫去外穀。但是後來，這些傳統農耕方法式微了。近年來，西藏農民使用灌溉水渠和土質改良的方式來從事農耕。

農民的房舍也採取傳統的式樣。屋頂通常是平的，房屋不是兩層樓就是三層樓。他們用堆疊起來的石頭或太陽曬乾的磚塊來砌築微微向內傾斜的厚牆，然後將整棟房子塗上白色。一樓通常當作豢養家畜或存放飼料的棚子，家人則住在上面的樓層。他們把木柴或牛糞堆放在平頂的邊緣。幾乎每戶人家的屋頂上都懸掛著不同色彩的風馬旗（Lungta）。西藏人相信，風馬旗會帶來好運和繁榮。男人通常趕著牲畜在田裡工作，女人則從事編織。家家戶戶都釀造米酒等酒類。

在「解放」之前，大多數的西藏農民隸屬於兩個階級——賦稅人階級和農民階級。賦稅人階級是指比較富裕的農民，擁有世襲的土地，像擁有土地的貴族那般使用土地，並擔負納稅和運輸等義務。農民階級則是沒有世襲土地的貧困農人，只在賦稅人階級擁有的土地上耕作。農民階級奉行一妻多夫的婚姻制度，在這個西藏習俗中，長兄的妻子自動成為胞弟的妻子。

春季的耕田。

農人收割大麥。

西藏採行一妻多夫制，妻子是一家之主。

祈楚河谷的收成。

收成期間興高采烈的婦女。

前進西藏：農民的生活

農民聚居在一起避寒。

收割期間，婦女們自在無束。

修路的快樂婦女。

農人在早春播種。

喇嘛的生活
Life of lamas

當悠揚的呼叫聲從集會大殿的屋頂響起，寺院開啓一天的生活。聽到這聲呼喊，僧眾起床，穿上僧袍，洗好臉，急忙前往大殿集合。待所有僧眾抵達大殿各就各位後，即開始做早課。他們唱誦讚頌度母的《般若波羅密多心經》、觀世音菩薩的眞言咒語、彌勒（慈氏）的誓戒、阿彌陀佛淨土、文殊菩薩的心咒等等。

大約20分鐘後，一位年輕僧侶從廚房提來一桶酥油茶，奉茶給其他僧眾。每個僧侶自行攜帶糌粑，摻進木碗裡的酥油茶製成糌粑糰來吃。這是他們的早餐。用過早餐，僧眾繼續做早課。接著，他們再度休息用茶，吃點摻有稀疏麥子的米粥。再次修習佛法之後，即結束早課。飲用酥油茶時，有時會在分配完供養物後，布達一些事項。做完早課，即展開各項日常例行工作。之後，僧眾聚集在花園練習辯經。到了中午休息時間，通常是用午餐的時候，僧眾舉行佛教的紀念儀式和法會。爲隔天的活動做好準備後，即可就寢。

一般來說，寺院內有兩種僧侶：學僧和一般僧侶。除了密宗以外，學僧透過13種連貫的課程來研習其他宗派的五個學科；這五個學科分別是因明學（邏輯）、《般若波羅密多經》、中觀、戒律，以及《阿毘達磨俱舍論》。他們是透過例行的學習和討論來研習佛法，每個學科學上三至四年，因此約需20年的時間才能完成學業。一旦通過所有辯經的問答，便授予「格西」（Geshe，博士）學位。之後，有些僧侶回到故鄉當老師，或者開始學習密宗的課程。一般僧侶則從事各種日常事務，包括寺院內的零工或行政工作。

雙手捧著流亡的摯愛領袖達賴喇嘛的法照,年邁的僧侶流下眼淚。

普賢王如來（Kuntuzangpo）與其明妃雙運（一種密續姿勢）的壁畫，位於敏珠林寺的一面牆壁上。

描繪觀世音菩薩法相的唐卡，由珍珠製成。這幅唐卡保存在雅礱河谷昌珠寺的佛堂內，該地是古代西藏國王的出生地。

位於江孜的白居寺（Palkhor Chode Monastery at）大佛塔，稱為「白居塔」（Gyantse Kumbum）或「帕廓卻登」（Palkhor Chorten）。

繪在佛塔上的眼睛圖案（白居寺）。

佛塔兩側的牆上覆滿壁畫（白居寺）。

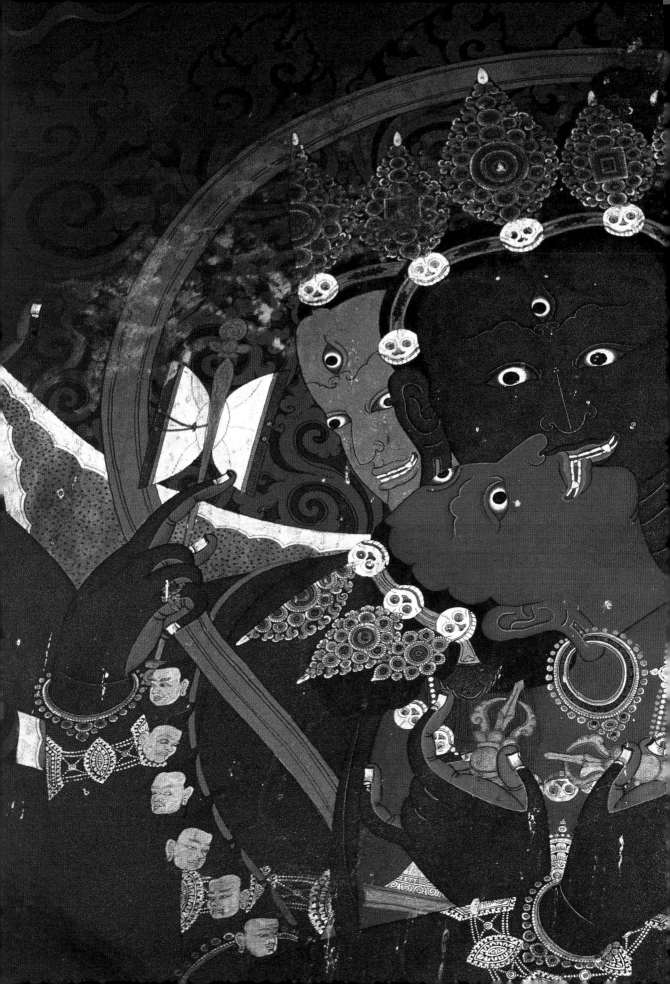

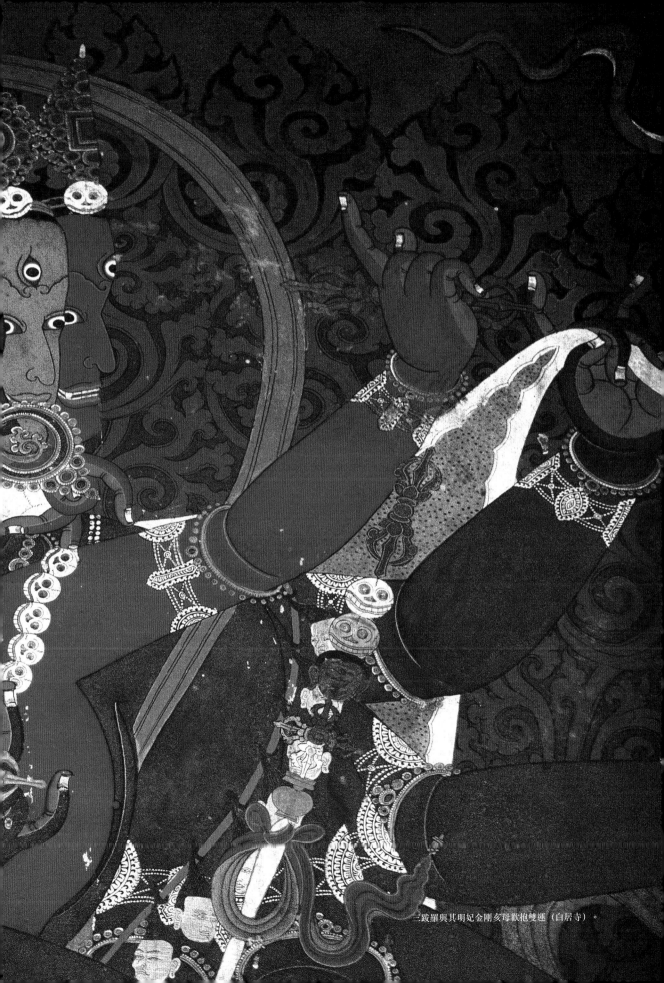

三跋羅與其明妃金剛亥母歡抱雙運（白居寺）。

財續母（Vasudhara，或「財源天母」）用左臂摟著財神臧巴拉（Jambhala）（白居寺）。

畫在佛塔內的瑜伽密續大壇城（白居寺）。

位於日喀則的札什倫布寺；該寺是格魯派的六大寺院之一，也是班禪喇嘛的駐錫地。

札什倫布寺的狹窄過道。

札什倫布寺的大殿和主要出入口。

班禪喇嘛不在寺院期間，僧侶在大殿舉行法會（札什倫布寺）。

僧眾從清晨持續誦經到傍晚（札什倫布寺）。

以金字書寫的《心經》手稿（札什倫布寺）。

佛經木製封面上的過去、現在、未來三世佛之圖像（札什倫布寺）。

以金字和銀字書寫的《維摩詰經》（Vimalakirtinirdesa Sutra）封面（札什倫布寺）。

札什倫布寺圖書館保存了珍貴的佛經。

僧侶在黑暗中製作沙曼達（札什倫布寺）。

年輕的僧侶在中庭辯經（札什倫布寺）。

牧民的生活
Life of nomads

從過去到現在，西藏的經濟大多仰賴農業（其中也包括畜牧業）。就字面來說，靠畜牧維生的人稱爲「卓巴」（Drokpa，即牧民），而固定居住在一地的人則稱作「波巴」（Popa，即藏民）；兩者的生活方式有極大的差異。

有些卓巴終其一生都生活在帳篷裡，而另一些人則住在房屋內，靠務農和畜牧維生。

農民和牧民之間的關係密切。他們交換產品，補給彼此不足的物資。牧民供給乳製品、肉類、羊毛、皮毛、岩鹽、蘇打、氂牛、綿羊等；農民則提供牧民麥片、茶、豌豆、蘿蔔、蕪菁等必需品。

氂牛是牧民眼裡最重要的家畜。除了氂牛，他們也飼養綿羊、山羊、馬匹等動物。而保護牧民和牲畜免於受到狼群、雪豹和其他不速之客的侵襲，則是西藏獒犬的職責。

牧民居住的帳篷稱爲「達庫」（Dakur），通常紮營在牧草地上。這些低矮的帳篷通常是由氂牛毛織成的粗布製成，由數根支柱支撐。這些帳篷的結構有別於蒙古人的蒙古包。牧民利用繩子來延展帳篷，並把支柱豎在帳篷中間來增強支撐力。

這種結構的帳篷具有良好的保暖和通風功能，也堅固得經得起高原上的任何暴風雨。帳篷的外觀看起來宛如一隻腹部朝下的巨大黑蜘蛛，側繩則像蜘蛛的細腿。爲了保護帳篷免於受到風雪的侵襲，有時候牧民會用石頭、泥巴或氂牛的糞便在帳篷周圍築起一道矮牆。

青康藏高原納木措湖（Lake Namtso）附近的游牧聚落。

牧民居住在以犛牛毛織成的帳篷內。

以皮毛包裹的嬰孩舒適地躺在帳篷裡。

婦人在帳篷內烹煮食物。

夏末，牧民把帳篷負在犛牛背上返回村莊。

小女孩把一隻大犛牛帶出牧場。

盛裝打扮的游牧女孩。

游牧男子。

節慶期間，牧民宰殺羊隻來盡情享用。

游牧婦女趕路回村莊。

前進西藏：牧民的生活

只要仍有虛空，
只要仍有情眾，
願我也住世，
驅除眾生的痛苦。

達賴喇嘛 西藏之心
The Heart of Tibet

作者 ──────── 達賴喇嘛

攝影 ──────── 松本榮一

譯者 ──────── 項慧齡

副主編 ─────── 曹 慧

美術設計 ────── 陳文德

企畫 ──────── 張震洲

董事長 ─────── 趙政岷

出版者 ─────── 時報文化出版企業股份有限公司

　　　　　　　　108019台北市和平西路三段240號4樓

發行專線 ───── （02）2306-6842

讀者服務專線 ─── 0800-231-705　（02）2304-7103

讀者服務傳真 ─── （02）2304-6858

郵撥 ──────── 19344724 時報文化出版公司

信箱 ──────── 10899臺北華江橋郵局第99信箱

時報悅讀網 ──── http://www.readingtimes.com.tw

電子郵件信箱 ── know@readingtimes.com.tw

法律顧問 ───── 理律法律事務所 陳長文律師、李念祖律師

印刷 ──────── 和楹印刷有限公司

初版一刷 ───── 2007年11月19日

初版二刷 ───── 2023年11月6日

定價 ──────── 新台幣300元

達賴喇嘛西藏之心 / 達賴喇嘛開示　松本榮一攝影
項慧齡譯. ── 初版. ── 初版.　臺北市：時報文化，
2007〔民96〕
　面；　公分
譯自：The Heart of Tibet
ISBN　978-957-13-4702-8（平裝）
1.藏傳佛教 2.西藏 ─ 社會生活與風俗

676.64　　　　　　　　　　　96012044

時報文化出版公司成立於一九七五年，並於一九九九年股票上櫃公開發行，
於二○○八年脫離中時集團非屬旺中，以「尊重智慧與創意的文化事業」為信念。